Dr. Heinz Kabutz und Sven Ruppert

Dynamic Proxies

Effizient programmieren

Dr. Heinz Kabutz und Sven Ruppert

Dynamic Proxies

Effizient programmieren

schnell+kompakt

entwickler.press

Dr. Heinz Kabutz und Sven Ruppert
Dynamic Proxies. Effizient programmieren
schnell+kompakt
ISBN 978-3-86802-153-0

© 2015 entwickler.press
Ein Imprint der Software & Support Media GmbH

http://www.entwickler-press.de
http://www.software-support.biz

Ihr Kontakt zum Verlag und Lektorat: lektorat@entwickler-press.de

Bibliografische Information Der Deutschen Bibliothek
Die Deutsche Bibliothek verzeichnet diese Publikation in der Deutschen
Nationalbibliografie; detaillierte bibliografische Daten sind im Internet
über http://dnb.ddb.de abrufbar.

Lektorat: Corinna Neu
Korrektorat: Frauke Pesch, Corinna Neu
Copy-Editor: Nicole Bechtel, Jennifer Diener
Satz: Dominique Kalbassi
Umschlaggestaltung: Maria Rudi
Belichtung, Druck und Bindung: Media-Print Informationstechnologie
GmbH, Paderborn

Inhaltsverzeichnis

Vorwort

Dynamic Proxies wurden mit der Version 1.3, das war im Mai 2000, dem JDK hinzugefügt. Einige der Java-Entwickler, die wir heute antreffen, waren zu diesem Zeitpunkt noch in der Schule, andere sogar noch im Sandkasten. Das, worüber wir hier schreiben, ist demnach nichts Neues.

In diesem Buch setzen wir einiges an Wissen voraus. Wir gehen davon aus, dass das Wissen über Entwurfsmuster – und im Speziellen über die strukturellen Muster Proxy, Object Adapter, Composite und Decorator – präsent ist. Sollten diese Entwurfsmuster nicht bekannt sein, ist es besser, zu diesem Thema vorher ein wenig zu lesen. Andernfalls kann es sein, dass dieses Buch an einigen Stellen schwer verständlich sein wird. Entwurfsmuster begleiten uns schon recht lange. Das erste Buch darüber wurde 1995 auf den Markt gebracht und sollte für jeden professionellen Entwickler ein Standardwerk sein.

Dynamic Proxies sind manchmal bestens geeignet, um komplizierte Probleme zu lösen. Der absolute Extremfall, der uns bisher begegnet ist, war ein Kundensystem, das aus 600 000 Zeichen einmalig generiertem Quelltext bestand. Änderungen mussten nachträglich durch Entwickler manuell eingefügt werden. Es ist leicht, sich vorzustellen, dass dieses System nicht mehr wartbar gewesen ist. Allerdings sahen alle Klassen sehr ähnlich aus. Wir waren in der Lage, diese 600 000 Zeichen Quelltext mit einem einzigen Dynamic Proxy zu ersetzen. Der Gewinn war nicht nur die wesentlich kleinere Menge Quelltext, die noch gewartet werden musste.

Allerdings sind sie nicht immer ein dem Problem adäquates Werkzeug. Bei der Verwendung von Dynamic Proxies haben Methodenaufrufe einen größeren Overhead als normale Methoden. In diesem Buch werden wir einen Weg vorstellen, wie man In-Memory-Codeerzeugung realisieren kann. Es ist keine grundsätzlich schlechte Idee, Quelltext zu genieren, aber es ist eine schlechte Idee, diesen Quelltext einen Entwickler sehen und modifizieren zu lassen.

Wir werden zeigen, wie man durch das In-Memory-Kompilieren von dynamisch generiertem Quelltext die Vorteile eines Dynamic Proxys mit den Vorteilen von statisch kompilierten Proxies kombinieren kann, um performanten, wartbaren Code zu erzeugen.

Wir wünschen Ihnen viel Vergnügen mit diesem Buch und hoffen, Sie finden es nützlich. Es ist keine leichte Lektüre. Setzen Sie also am besten frischen Kaffee auf, schnappen Sie sich den Code von GitHub und versuchen Sie, die Codebeispiele durchzuarbeiten: *https://github.com/svenruppert/shortcut-proxies.*

Dr. Heinz Kabutz und Sven Ruppert

KAPITEL 1

Einführung

1.1 Vergleich von Proxy und Decorator

Was ist eigentlich der Unterschied zwischen einem Proxy und einem Decorator? Diese Frage sollte man sich stellen, sobald man sich mit delegierenden Patterns auseinandersetzt. Nehmen wir das Buch der GoF als Grundlage, so ist ein Proxy direkt assoziiert mit dem Element, auf das der Proxy weiterleitet. Die Darstellung in Java zeigt Listing 1.1.

```java
interface Subject {
    public void request();
}
class RealSubject implements Subject {
    public void request() { /* do something */ }
}
class Proxy implements Subject {
    private Subject realSubject;
    Proxy(Subject realSubject) {
        this.realSubject = realSubject;
    }
    public void request() {
        /* do something, then */
        realSubject.request();
    }
}
```

Listing 1.1: Proxy in Java

Gut zu erkennen ist die Assoziation an dem Attribut *realSubject* und der Delegation des Methodenaufrufs in der Methode *request()* der Klasse *Proxy*. Der Decorator hingegen reicht zum einen per Delegation die Methodenaufrufe weiter, und zum an-

deren erweitert er auch die Schnittstelle um individuelle Eigenschaften. Der Decorator hat auf jeden Fall dieselbe Schnittstelle
wie das zu dekorierende Element (Listing 1.2).

```
interface Component {
    public void operation();
}
class ConcreteComponent implements Component {
    public void operation() {/* do something */}
}
class Decorator implements Subject {
    private Component component;
    Decorator(Component component) {
        this.component = component;
    }

    public void operation() {
    /* do something, then */
        component.operation();
    }
}
class ConcreteDecorator extends Decorator {
    ConcreteDecorator(Component component) {
        super(component);
    }
    public void anotherOperation() {
        /* decorate the other operation in
            some way, then call the
        other operation() */
        operation();
    }
}
```

Listing 1.2: Decorator in Java

Wenn man nun die beiden Beispiele ein wenig genauer betrachtet, fällt auf, dass es kaum Unterschiede zwischen der Implementierung eines Proxys und einem Decorator gibt. Um das noch ein

wenig genauer hervorzuheben, wurde auf sprechende Namen verzichtet und es wurden stattdessen einfache Buchstaben verwendet (Listing 1.3).

```java
//Proxy
interface A {
    public void f();
}
class B implements A {
    public void f() { /* do something */ }
}
class C implements A {
    private A a;
    C(A a) { this.a = a; }
    public void f() {
        /* do something, then */
        a.f();
    }
}
//Decorator
interface A {
    public void f();
}
class B implements A{
    public void f() { /* do something */ }
}
class C implements A {
    private A a;
    C(A a) { this.a = a; }
    public void f() {
        /* do something, then */
        a.f();
    }
}
class D extends C {
    D(A a) { super(a); }
    public void g() {
```

```
        /* decorate the other operation
        in some way, then call the
        other operation() */
        f();
    }
}
```

Listing 1.3: Proxy und Decorator in Java

Bei der Definition der Pattern *Proxy* und *Decorator* ist jedoch auch die Intention zu beachten. Ein Proxy ist ein Surrogat oder Platzhalter für ein anderes Objekt, um den Zugriff zu kontrollieren. Ein Decorator hingegen fügt einem Objekt dynamisch weitere Verantwortungen/Fähigkeiten hinzu. Ein Decorator ist somit eine flexible Alternative zu der Vererbung, um die Funktionalität zu erweitern.

Zusammenfassend kann man es wie folgt definieren: Um zu erkennen, welches Pattern verwendet worden ist, muss nicht nur die Klassenstruktur, sondern es müssen auch die Verwendung und die Intention im Einzelfall beachtet werden. In der Fallunterscheidung, ob es sich um einen Proxy oder Decorator handelt, muss also das gewünschte Ziel betrachtet werden.

Es gibt noch einen sehr wichtigen Unterschied zwischen den Strukturen *Decorator* und *Proxy*. Derjenige, der diese Struktur verwendet, verwendet bei einem Proxy meist das allgemeinste Interface in der Vererbungskette. Bei einem Decorator ist es dagegen immer die spezialisierteste Version. Als Beispiel für einen Decorator sehen wir uns die Klasse *ObjectInputStream* an. Hier wird ein Client immer direkt auf der Klasse *ObjectInputStream* arbeiten und nicht auf *InputStream* selbst. Bei einem Proxy auf eine *ArrayList* wird man auf dem Interface *List* arbeiten.

1.2 Proxy-Gruppen

Lazy Initialization with Virtual Proxy

Wir werden uns nun ansehen, wie die Erzeugung einer Objektinstanz so lange hinausgezögert werden kann, bis der erste Methodenaufruf erfolgt. Für den Entwickler soll es aber so aussehen, als ob er schon die Objektinstanz erhalten hat. Gehen wir im Folgenden davon aus, dass wir ein Interface mit dem Namen *Worker* haben und dazu eine korrespondierende Implementierung. Die Erzeugung der Instanz von der Klasse *WorkerImpl* ist jedoch sehr kostspielig. Daher wollen wir mit der Erzeugung so lange warten, bis der erste Methodenaufruf erfolgt. Dazu implementieren wir eine abstrakte Klasse mit dem Namen *VirtualWorker*. In dieser Klasse werden die Methodenaufrufe an die Instanz der Klasse *WorkerImpl* delegiert. Die Besonderheit ist hier, dass die Instanz der Klasse *WorkerImpl* mittels der abstrakten Methode *realSubject()* geholt wird (Listing 1.4).

```java
public interface Worker {
  public void doSomething();
}
public class WorkerImpl implements Worker {
  public WorkerImpl() {
    System.out.println(" WorkerImpl = constructed");
  }
  @Override
  public void doSomething() {
    System.out.println("doSomething => WorkerImpl");
  }
}
public abstract class VirtualWorker implements Worker {
  protected abstract Worker realSubject();
  @Override
  public void doSomething() {
```

```
    realSubject().doSomething();
  }
}
```

Listing 1.4: Lazy Init Demo 1

Nun stellt sich die Frage, wer das Holen der Instanz der Klasse
WorkerImpl implementiert. Da es verschiedene Möglichkeiten
gibt, empfiehlt es sich, die jeweilige Strategie des Erzeugens jeweils in eine einzelne Klasse zu verlegen. In unserem Fall implementieren wir eine Version, die nicht threadsafe ist (Listing 1.5).

```
public class VirtualWorkerNotThreadSafe
                extends VirtualWorker {
  private Worker subject;
  @Override
  protected Worker realSubject() {
    if (subject == null) {
      subject = new WorkerImpl();
    }
    return subject;
  }
}
```

Listing 1.5: Lazy Init Demo „VirtualWorkerNotThreadSafe"

Damit haben wir alles zusammen, was wir benötigen. Der erste
Aufruf einer Methode auf dem Proxy löst indirekt den Methoden-
aufruf *realSubject*() und damit die Erzeugung der Instanz *Worker-
Impl* aus (Listing 1.6).

```
public class Main {
  public static void main(String[] args) {
    Service service = new VirtualServiceNotThreadSave();
    final String work = service.work("und los");
    System.out.println("work = " + work);
  }
}
```

Listing 1.6: Lazy Init Demo Proxy/Verwendung

Working remote with Remote Proxy

Der Remote Proxy ist der wohl bekannteste in der Gruppe der Proxies. Hier werden wir auch von einem entfernten Stellvertreter sprechen. Man kann sich das wie eine Botschaft eines Landes in einem anderen Land vorstellen. Sobald man sich in der Botschaft befindet, ist man eigentlich in einem anderen Land mit anderen Gesetzen. Wir werden nun einen Remote Proxy aufbauen, der zwischen zwei JVM-Instanzen vermittelt. Alle benötigten Komponenten befinden sich in dem JDK. Die Kommunikation wird per SOAP realisiert. Dazu sieht unser Interface nun ein wenig anders aus (Listing 1.7).

```
@WebService
@SOAPBinding(style = SOAPBinding.Style.RPC)
public interface Service {
  @WebMethod
  public String work(String txt);
}
@WebService(endpointInterface = "org.rapidpm.Service")
public class ServiceImpl implements Service {
  @Override
  public String work(String txt) {
    System.out.println("remote txt = " + txt);
    return "ServiceImpl - " + txt;
  }
}
```

Listing 1.7: Remote Proxy

Um diese Implementierung nun per SOAP aktiv verfügbar zu machen, benötigen wir einen Publisher (Listing 1.8).

```
public class ServicePublisher {
  public static void main(String[] args) {
    Endpoint.publish("http://localhost:9999/ws/service",
                     new ServiceImpl());
  }
}
```

Listing 1.8: Remote Proxy Publisher

Nun fehlt noch das Gegenstück auf der anderen Seite. Von der Seite aus kommen die Aufrufe, die dann bei dem Publisher dazu führen, dass die reale Implementierung ausgeführt werden wird (Listing 1.9).

```java
public class ServiceRemoteProxy implements Service{

  private URL url;
  private Service realSubject;

  public ServiceRemoteProxy() {
    try {
      url = new URL("http://localhost:9999/ws/
                                       service?wsdl");
      final String namespaceURI = "http://rapidpm.org/";
      final String localPart = "ServiceImplService";
      QName qname = new QName(namespaceURI, localPart);
      javax.xml.ws.Service service
                = javax.xml.ws.Service.create(url, qname);
      realSubject = service.getPort(Service.class);
    } catch (MalformedURLException e) {
      e.printStackTrace();
    }
  }
  public String work(String txt){
    return realSubject.work(txt);
  }
}
```

Listing 1.9: Remote-Proxy-Implementierung

Die Verwendung sieht dann wieder wie Plain Old Java aus (Listing 1.10).

```java
public class Main {
  public static void main(String[] args) {
    Service proxy = new ServiceRemoteProxy();
```

```
    System.out.println("proxy.work() = "
            + proxy.work("Hello"));
  }
}
```

Listing 1.10: Verwendung des Proxys

Um das Beispiel auszuprobieren, muss man erst den Publisher starten und dann die Klasse *Main*.

Protect me with the Secure Proxy

Mit dem Secure Proxy wird das Querschnittsthema Sicherheit realisiert. Hier kann man es sich so vorstellen, dass der Proxy die Anfrage entgegennehmen wird. Dann erfolgt transparent für den Anwender eine Überprüfung, ob die notwendigen Rechte zum Ausführen der Methode vorhanden sind. Sollte das nicht der Fall sein, wird der Aufruf der Originalmethode nicht durchgeführt, also erst gar nicht gestartet. Sind alle notwendigen Berechtigungen vorhanden, wird der Aufruf der Methode an die reale Implementierung durchgereicht. Aber sehen wir uns das anhand einer einfachen Implementierung an. Der Zugriff auf die Implementierung von dem Interface *Service* soll durch ein Passwort geschützt werden. Hierzu erstellen wir die Klasse *ServiceSecurityProxy* und implementieren das Interface *Service*. Für den Fall, dass der Aufruf berechtigt ist, müssen wir an die reale Implementierung durchreichen. Dafür haben wir ein Attribut *service*, das eine Instanz der Serviceimplementierung referenziert (Listing 1.11).

```
public interface Service {
  public String work(String txt);
}
public class ServiceImpl implements Service {
  @Override public String work(String txt) {
    return "ServiceImpl - " + txt;
  }
}
```

```java
public class ServiceSecurityProxy implements Service {
  private Service service = new ServiceImpl();
  private String code = "";
  //Simmulation der Tastatureingabe
  public void setCode(String code) {
    this.code = code;
  }
  public String work(String txt) {
    if(code.equals("hoppel")){
      return service.work(txt);
    } else{
      return "nooooop";
    }
  }
}
public class Main {
  public static void main(String[] args) {
    Service proxy = new ServiceSecurityProxy();
    //Eingabe simulieren
    ((ServiceSecurityProxy)proxy).setCode("Nase");
    System.out.println(proxy.work("Hallo"));
    //Eingabe simulieren
    ((ServiceSecurityProxy)proxy).setCode("hoppel");
    System.out.println(proxy.work("Hallo"));
  }
}
```

Listing 1.11: Beispiel eines SecurityProxys

Hier handelt es sich natürlich um eine triviale Implementierung. Das allgemeine Vorgehen allerdings bleibt gleich. Bei dem Thema Security handelt es sich um ein so genanntes Querschnittsthema, das man auf diese Weise realisieren kann. Der eine oder andere wird sich in diesem Zusammenhang an die aspektorientierte Entwicklung erinnern. Auch hier handelt es sich um diese Form eines Proxys, nur dass er auf Bytecode-Ebene hinzugefügt wird.

1.3 Cascaded Proxies

Nun haben wir die jeweiligen Proxies, die alle dasselbe Interface implementieren und ein Attribut der realen Implementierung besitzen. Warum eigentlich dann nicht die Proxies hintereinanderschalten? Wie realisiert man nun also einen *VirtualSecureProxy*? In diesem Beispiel stehen wir schon vor mehreren Herausforderungen. Beginnen wir mit dem *SecureProxy*. Der *SecureProxy* wird um einen Builder erweitert. Änderungen am *SecureProxy* sind soweit nicht notwendig, mit der Ausnahme, dass man nun den real zu verwendenden Service explizit von außen setzen kann (Listing 1.12).

```
final Service secureProxy = SecureProxy.newBuilder()
  .withCode("hoppel")
  .withService(virtualProxyBuilder.build())
  .build();
```

Listing 1.12: Verwendung des Proxys

Dadurch kann man auch einen *VirtualProxy* übergeben. Somit haben wir nun einen *SecureVirtualProxy*. Bei dem *VirtualProxy* sieht es dann ein wenig komplizierter aus. Hier ist ja der Zeitpunkt der Erzeugung des zu verwendenden Service nach dem Zeitpunkt, zu dem der Proxy erzeugt wird. Ebenfalls kann man sich für verschiedene Strategien zum Erzeugen der Instanz entscheiden. Bisher haben wir immer die *NotThreadSafe*-Version verwendet.

Einen *SecureVirtualProxy* haben wir ja nun, aber wie erstellen wir einen *VirtualSecureProxy* (genauer gesagt – *VirtualNotThreadSafeSecureProxy*)?

Der *VirtualProxy* wird nun um zwei Attribute erweitert, bei beiden handelt es sich um *FunctionInterfaces*:

```
public static interface ServiceStrategyFactory{
  Service realSubject(ServiceFactory factory);
```

```
}
public static interface ServiceFactory{
  Service createInstance();
}
```

Die *ServiceFactory* wird zum Erzeugen der Instanz der zu verwendenden Serviceimplementierung benötigt. Hierbei kann es sich um eine direkte Implementierung handeln oder aber auch um einen weiteren Proxy. Das *ServiceStrategyFactory*-Interface gibt einem die Möglichkeit, die Art der Instanziierung zu definieren, in unserem Fall die Strategie: *NotThreadSafe*. Damit ergibt sich eine neue Implementierung der Methode *work(String txt)*:

```
public String work(String txt) {
  return serviceStrategyFactory
      .realSubject(serviceFactory).work(txt);
  }
```

Wir sind nun in der Lage, verschiedene Kombinationen zu realisieren. Zuerst erzeugen wir eine Instanz der *ServiceStrategyFactory*. Da man sich die Instanz der Implementierung halten muss, kann man an der Stelle nicht so einfach mit Lambdas arbeiten (Listing 1.13).

```
final VirtualProxy.ServiceStrategyFactory strategyFactory =
                new VirtualProxy.
                        ServiceStrategyFactory() {
  Service service = null; //verhindert Lambdas
    @Override
    public Service realSubject(
                    VirtualProxy.ServiceFactory factory) {
      if (service == null) {
        service = factory.createInstance();
      }
      return service;
    }
  };
final VirtualProxy.Builder virtualProxyBuilder
```

```
  = VirtualProxy.newBuilder()
  .withServiceFactory(ServiceImpl::new)
  .withServiceStrategyFactory(strategyFactory);

final SecureProxy.Builder aBuilder = SecureProxy.
                                            newBuilder()
  .withCode("ccc")   //wrong code
  .withService(virtualProxyBuilder.build());

final SecureProxy proxy = aBuilder.build();

Thread.sleep(5000);
System.out.println(proxy.work("AA")
    .equals("ServiceImpl - AA"));
proxy.setCode("hoppel"); // now correct code
System.out.println(proxy.work("AA")
    .equals("ServiceImpl - AA"));

//Ausgabe
// VirtualProxy = 2014-12-18T01:24:20.651
// SecureProxy = 2014-12-18T01:24:20.654
// false
// ServiceImpl = 2014-12-18T01:24:30.655
//true
```

Listing 1.13

In der Ausgabe kann man sehr gut sehen, wie der *SecureProxy* bei der ersten Verwendung die Instanziierung der realen Implementierung verhindert. Erst nachdem der Code richtig gesetzt wurde, erscheint die Ausgabe der Klasse *ServiceImpl*. Basierend auf dieser Implementierung kann man nun beginnen, verschiedene Proxies per Builder zusammenzustellen.

KAPITEL 2

Dynamic Proxy

Bis jetzt haben wir die Proxies von Hand geschrieben. Es gibt viele Fälle, in denen das sinnvoll ist, aber es gibt auch viele Fälle, in denen das nicht der Fall ist. Aber wann und warum? Sehen wir uns erst einmal die Verwendung selbst an. Für unser Beispiel nehmen wir ein Interface Subject und eine Implementierung *Subject_A* an. Mit der Klasse *Proxy* existiert im JDK ein allgemein anwendbarer Proxy. Man kann damit nun einen Proxy erzeugen, der auf ein Interface reduziert wird. Alle Methodenaufrufe werden von der Methode *invoke(..)* der Klasse *InvocationHandler* abgearbeitet. Es sollte dabei beachtet werden, dass eventuell Nebenläufigkeitsprobleme auftreten können, wenn mehrere Threads auf diesen Proxy zugreifen. Die Implementierung des *InvocationHandlers* stellt dann die Erweiterung durch den Proxy dar, innerhalb derer das Original aufgerufen werden kann (Listing 2.1).

```
public interface Subject {
  String doSomething(String str);
}
public class Subject_A implements Subject {
  @Override
  public String doSomething(String str){
    System.out.println("str = " + str);
    return str + "_DONE";
  }
}
public class ProxyGenerator {
  public static <P> P makeProxy(Class<P> subject,
                P realSubject) {
    Object proxyInstance = Proxy.newProxyInstance(
        subject.getClassLoader(),
```

```
        new Class<?>[]{subject},
        (proxy, method, args)
            -> method.invoke(realSubject, args)
    );
    return subject.cast(proxyInstance);
  }
}
public class Main {
  public static void main(String[] args) {
    Subject subject = ProxyGenerator
        .makeProxy(Subject.class, new Subject_A());
    String hello = subject.doSomething("Hello");
    System.out.println("hello = " + hello);
  }
}
```

Listing 2.1: Verwendung des Dynamic Proxys

2.1 Casting mit Class

Bei der Verwendung der Klasse *Proxy* ist ebenfalls zu bedenken, dass der Rückgabewert der Methode *newProxyInstance(..)* vom Typ *Object* ist. Damit dieses nicht weitergereicht wird, wird das Ergebnis dieser Methode mittels der Methode *cast(..)* des Zielinterface vom Typ her auf das Zielinterface überführt. Was ist nun der Unterschied zu einem gewöhnlichen Cast? Die Antwort ist trivialer als angenommen. Wenn ein direkter Cast durchgeführt wird, muss man die *ClassCastException* abfangen und verarbeiten.

Sehen wir uns nun die Implementierung der Methode *cast(..)* an (Listing 2.2). Es stellt sich heraus, dass es nur kosmetischer Natur ist, diese Methode zu verwenden.

```
@SuppressWarnings("unchecked")
public T cast(Object obj) {
  if (obj != null && !isInstance(obj))
```

```
    throw new ClassCastException(cannotCastMsg(obj));
  return (T) obj;
}
```

Listing 2.2: Casting einer Klasse

2.2 Einschränkungen beim Einsatz von Dynamic Proxies

Only Interfaces

Eine der gravierenden Einschränkungen ist diejenige, dass beim Einsatz von Dynamic Proxies nur mit Interfaces als Ziel gearbeitet werden kann. Nicht immer ist das gegeben. Wenn keine Interfaces vorhanden sind bzw. der bestehende Quelltext nicht dahingehend erweitert werden kann, kann man mit dem Dynamic Proxy erst einmal nichts anfangen.

Method Call is slow

Da jeder Aufruf über den *InvocationHandler* geht, ist auch immer mit einem Overhead pro Aufruf zu rechnen. Ob dieser Overhead für das konkrete Projekt tolerierbar ist, muss im Einzelfall entschieden werden. Sollte es keine besonderen Performanceanforderungen geben, dann ist dieser Aufwand sicherlich zu verschmerzen. Im Gegenzug muss man keinen vollständigen Proxy von Hand realisieren.

Bruch in der Vererbungskette

Durch den Einsatz des *DynamicProxy* wird allerdings die Vererbungskette unterbrochen. Proxy und reales Subjekt sind damit für den Aufrufer etwas völlig Unterschiedliches. Das hat zur Folge, dass nachfolgender Quelltext damit umgehen können muss. *instanceof* und ähnliche Dinge funktionieren dann nicht mehr wie angenommen.

Implementierung von Equals

Wenn man mit Dynamic Proxies arbeitet, kommt man schnell an den Punkt, an dem man Vergleiche mittels *hashCode(..)* und *equals(..)* durchführen muss. Nur hier hat man es ja mit Proxies zu tun. Was also nun? Die Grundidee ist recht einfach. Beginnen wir mit einem Interface *A* und leiten davon die Klassen *B* und *C* ab. Hierbei ist die Klasse *B* das reale Subjekt, die Klasse *C* ist ein Proxy (Listing 2.3).

```
public interface A { }
// real subject
public final class B implements A {
    private final int i;
    public B(int i) {this.i = i;}
}
// proxy
public final class C implements A {
    private final A a;
    public C(A a) {
        Objects.requireNonNull(a);
        this.a = a;
    }
}
```

Listing 2.3

Wie muss nun die Implementierung der beiden Methoden *hash-Code* und *equals* in jeder Klasse aussehen, damit eine beliebige Kombination und Verschachtelung von Proxies (eigene und Dynamic Proxies) und realen Subjekten richtig funktioniert? Dazu definieren wir nun nachfolgende Testfälle. Zu Beginn wollen wir testen, ob die Proxies untereinander richtig funktionieren (Listing 2.4).

```
private static final boolean USE_DYNAMIC_PROXIES = true;
private A makeProxy(A a) {
  return USE_DYNAMIC_PROXIES
      ? Proxes.makeSimpleProxy(A.class, a) : new C(a);
}
@Test
public void proxyEqualsProxy() {
  A real = new B(42);
  A proxy1 = makeProxy(real);
  A proxy2 = makeProxy(real);
  assertTrue(proxy1.equals(proxy2));
  assertTrue(proxy2.equals(proxy1));
  assertTrue(proxy1.equals(proxy1));
  assertTrue(proxy2.equals(proxy2));
}
```

Listing 2.4

Danach werden wir uns ansehen, ob Kombinationen zwischen Proxies und realem Subjekt symmetrische Eigenschaften haben (Listing 2.5).

```
@Test
public void proxyEqualsReal() {
  B b = new B(42);
  A c1 = makeProxy(b);
  assertTrue(c1.equals(b));
}
@Test
public void realEqualsProxy() {
  A real = new B(42);
  A proxy = makeProxy(real);
  assertTrue(real.equals(proxy));
  assertTrue(real.equals(real));
}
```

Listing 2.5

Und nun fehlt nur noch das Hintereinanderschalten von Proxies (Listing 2.6).

```
@Test
public void cascadingProxyEquals() {
  A real = new B(42);
  A proxy1 = makeProxy(real);
  A proxy2 = makeProxy(proxy1);
  A proxy3 = makeProxy(proxy2);
  assertEquals(real, proxy1);
  assertEquals(proxy2, real);
  assertEquals(proxy1, proxy3);
  ...
}
```

Listing 2.6

Die Besonderheit liegt darin, dass nicht nur ein Proxy die Methodenaufrufe weiterleiten soll, sondern auch ein reales Subjekt mit einem beliebigen Proxy umgehen können muss. Die einfachere Implementierung ist die der Proxies (Listing 2.7).

```
// proxy
public final class C implements A {
    private final A a;
    public C(A a) {
        Objects.requireNonNull(a);
        this.a = a;
    }
    public boolean equals(Object o) {return a.equals(o);}
    public int hashCode() { return a.hashCode(); }
}
```

Listing 2.7

Die Implementierung beim realen Subjekt ist da schon ein wenig aufwändiger. Hier muss man den Fall abfangen, in dem es sich nicht explizit um ein reales Subjekt handelt. Wenn es aber

dennoch ein gemeinsames Interface implementiert, dann wird die
Methode *equals* direkt darauf aufgerufen (Listing 2.8).

```java
// real subject
public final class B implements A {
    private final int i;
    public B(int i) {this.i = i;}
    public boolean equals(Object o) {
        if (this == o) return true;
        if (!(o instanceof A)) return false;
        if (getClass() == o.getClass()) {
            B b = (B) o;
            return i == b.i;
        }
        return o.equals(this);
    }
    public int hashCode() {return i; }
}
```

Listing 2.8

KAPITEL 3

Dynamic Decorator

Wie kann man nun den Dynamic Proxy anwenden? Das folgende Beispiel zeigt auf, wie man mittels Reflection und Proxies die Möglichkeiten der Sprache erweitern kann. Statt einen eigenen Proxy für jede zu verwendende Klasse zu schreiben, greifen wir auf die Implementierung des DynamicProxy aus dem JDK zurück.

Sicherlich ist genau dieses Beispiel seit Java 5 dank Generics obsolet, dennoch zeigt es sehr deutlich, was Reflection in Kombinationen mit Proxies ermöglichen kann.

Gehen wir im Folgenden von zwei Klassen *Dog* und *Cat* sowie der Klasse *Pound* aus. In der Klasse *Pound* soll in einer Methode über jeweils eine Liste von der Klasse *Dog* und eine Liste der Klasse *Cat* iteriert werden (Listing 3.1).

```java
public class Cat {
    private final String species;
    public Cat(String species) { this.species = species; }
    public String toString() { return species; }
    public void meow() { System.out.println(this +
                                        ": Meow"); }
}
public class Dog {
    private final String species;
    public Dog(String species) { this.species = species; }
    public String toString() { return species; }
    public void bark() { System.out.println(this +
                                        ": Woof"); }
}
```

```java
import java.util.*;
public class Pound {
    private Collection dogs;
    private Collection cats;
    public Pound(Dog[] dogs, Cat[] cats) {
        this.dogs = Arrays.asList(dogs);
        this.cats = Arrays.asList(cats);
    }
    public void makeNoise() {
        Iterator dog_it = dogs.iterator();
        while(dog_it.hasNext()) {
            ((Dog)dog_it.next()).bark(); // downcast!
        }
        Iterator cat_it = cats.iterator();
        while(cat_it.hasNext()) {
            ((Cat)cat_it.next()).meow(); // downcast!
        }
    }
}
```

Listing 3.1: Dog and Cat in pre Java8

In diesem Beispiel wäre es doch angenehm, wenn man nicht einzeln über die Collections iterieren müsste. Es spielt hierbei keine Rolle, ob man den Downcast in der Schleife durchführt oder Generics bei den Collections oder Lambdas verwendet (Listing 3.2).

```java
public class Pound {
    private Collection<Dog> dogs;
    private Collection<Cat> cats;
    public Pound(Dog[] dogs, Cat[] cats) {
        this.dogs = Arrays.asList(dogs);
        this.cats = Arrays.asList(cats);
    }
    public void makeNoise() {
        dogs.forEach(d->d.bark());
        cats.forEach(c->c.meow());
        //oder
        //dogs.forEach(Dog::bark);
```

```
        //cats.forEach(Cat::meow);
    }
}
```

Listing 3.2: Pound in Java 8

Wie also können wir die Situation unter Einsatz von Dynamic Proxies verbessern? Verändern wir die Klasse *Dog*, wie in Listing 3.3 dargestellt.

```
public class Dog {
    private final String species;
    public Dog(String species) { this.species = species; }
    public String toString() { return species; }
    public void bark() { System.out.println(this +
                                               ": Woof"); }

    public static interface Collection
        extends java.util.Collection {
            Iterator dogIterator();
    }
    public static interface Iterator
        extends java.util.Iterator {
            Dog nextDog();
    }
}
```

Listing 3.3: Dog Version 2

Die Klasse *Dog* wurde um die beiden inneren Klassen *Collection* und *Iterator* erweitert, die jeweils von den gleichnamigen Klassen aus dem JDK ableiten. Wie kommen wir nun an Instanzen dieser inneren Klassen? Die Klasse *Cat* wird auf dieselbe Art und Weise erweitert.

Hierzu schreiben wir uns eine Klasse *GenericFactory*, basierend auf dem Factory-Pattern aus dem Buch der GoF. Die *GenericFactory* hat eine Methode *makeCollection(Collection backing, Class type)*. Die Signatur besteht aus der Collection der zu verwenden-

---

den Instanzen und der Angabe der Klasse der Instanzen. In unserem Fall eine Collection von Dogs und der Klasse *Dog*. Hier wird angenommen, dass die übergebene Klasse ein inneres Interface besitzt, das den Namen *Collection* hat. Das Interface selbst muss eine Methode *dogIterator* besitzen. Ebenfalls wird ein inneres Interface mit dem Namen *Iterator* und der Methode *nextDog()* erwartet. Falls diese Anforderungen nicht erfüllt sind, wird eine *IllegalArgumentException* geworfen (Listing 3.4).

```java
public class GenericFactory {
    public static Collection makeCollection(
        Collection backing, Class type) {
        GenericCollection gen =
            new GenericCollection(backing, type);
        return (Collection) Proxy.newProxyInstance(
                gen.getTypeCollectionClass().
                                        getClassLoader(),
                new Class[]{gen.
                                getTypeCollectionClass()},
                gen);
    }

    /* please ignore makeIterator for now ... */
    public static Iterator makeIterator(
        Iterator backing, Class type) {
        GenericIterator gen =
            new GenericIterator(backing, type);
        return (Iterator) Proxy.newProxyInstance(
                gen.getTypeIteratorClass().
                                        getClassLoader(),
                new Class[]{gen.getTypeIteratorClass()},
                gen);
    }
}
```

Listing 3.4: GenericFactory

Es wurden in dieser Implementierung zwei weitere Klassen verwendet: zum einen die *GenericCollection* und zum anderen der *GenericIterator*. Beide werden wir uns nun im Detail ansehen.

3.1 GenericCollection

Die *GenericCollection* hat die Aufgabe, alle Aufrufe auf die *Dog. Collection* Proxy abzufangen und zu prüfen, ob es sich um den Methodenaufruf *dogIterator()* handelt. Ist das der Fall, wird die *GenericFactory* verwendet, um einen *Dog.Iterator* zu erzeugen (Listing 3.5).

```java
public class GenericCollection implements
InvocationHandler {
    private final Collection backing;
    private final Class type;
    private final Class typeCollection;

    public GenericCollection(Collection backing,
                                        Class type) {
        this.backing = backing;
        this.type = type;
        typeCollection = discoverCollection();
    }

    /**
     * Find the correct inner class Collection interface.
     * @throws IllegalArgumentException if inner interface
     * Collection not found
     */
    private Class discoverCollection() {
        Class[] innerClasses = type.getClasses();
        for (Class innerClass : innerClasses) {
            if (innerClass.getName().equals(
                    type.getSimpleName() + "$Collection")) {
                return innerClass;
            }
```

```
      }
      throw new IllegalArgumentException(
         "No inner Collection interface");
   }

   public Class getTypeCollectionClass() {
      return typeCollection;
   }

   /**
    * This is the meat of the GenericCollection. It
    * finds any method with type name followed by
    * iterator and hijacks it.
    */
   public Object invoke(Object proxy,
      Method method, Object[] args)
         throws Throwable {
      if (method.getName()
         .equalsIgnoreCase(type.getName() +
                                        "Iterator")) {
         return GenericFactory.makeIterator(
            backing.iterator(), type);
      }
      return method.invoke(backing, args);
   }
}
```

Listing 3.5: GenericCollection

3.2 GenericIterator

Nun fehlt nur noch die Klasse *GenericIterator*, um das Bild vollständig zu machen. Die Klasse *GenericIterator* sieht der Klasse *GenericCollection* recht ähnlich. Das Vorgehen ist dasselbe, um einen Iterator zu erzeugen (Listing 3.6).

```
public class GenericIterator implements InvocationHandler {
    private final Iterator backing;
    private final Class type;
    private final Class typeIterator;

    public GenericIterator(Iterator backing, Class type) {
        this.backing = backing;
        this.type = type;
        typeIterator = discoverIterator();
    }

    /**
     * Find the correct inner class Iterator interface.
     * @throws IllegalArgumentException if inner
     * interface Iterator not found
     */
    private Class discoverIterator() {
        Class[] innerClasses = type.getClasses();
        for (Class innerClass : innerClasses) {
            if (innerClass.getName().equals(
                    type.getSimpleName() + "$Iterator")) {
                return innerClass;
            }
        }
        throw new IllegalArgumentException(
                "No inner Iterator interface");
    }

    public Class getTypeIteratorClass() {
        return typeIterator;
    }

    public Object invoke(Object proxy,
        Method method, Object[] args)
            throws Throwable {
        if (method.getName()
            .equalsIgnoreCase("next"+type.
                                        getSimpleName())) {
```

```
                return backing.next();
        }
        return method.invoke(backing, args);
    }
}
```

Listing 3.6: GenericIterator

Nun kommen wir zum spannenden Teil: Wie werden diese Klassen verwendet? Hierzu werden wir die Klasse *Pound* abändern, wie in Listing 3.7 gezeigt.

```java
public class Pound_V2 {
    private Dog.Collection dogs;
    private Cat.Collection cats;

    public Pound_V2(Dog[] dogs, Cat[] cats) {
        this.dogs = (Dog.Collection)
            GenericFactory.makeCollection(
                Arrays.asList(dogs), Dog.class);
        this.cats = (Cat.Collection)
            GenericFactory.makeCollection(
                Arrays.asList(cats), Cat.class);
    }

    public void makeNoise() {
        Dog.Iterator dog_it = dogs.dogIterator();
        while (dog_it.hasNext()) {
        /* no more downcasting! */
            dog_it.nextDog().bark();
        }
        Cat.Iterator cat_it = cats.catIterator();
        while (cat_it.hasNext()) {
        /* no more downcasting! */
            cat_it.nextCat().meow();
        }
    }
}
```

Listing 3.7: Pound_V2

3.3 Fazit

Sicherlich kann man sich nun die Frage stellen: War das nun ein Proxy oder ein Decorator? Aus unserer Sicht ist das eher ein Decorator, da hier transparent und dynamisch die Funktionalität bestehender Klassen erweitert wird. Die Realisierung erfolgt ohne Vererbung. Interessant ist hier zudem, dass dieses Pattern nicht in einer Klasse realisiert ist, sondern durch eine Namenskonvention. Mit der Version Java 8 kann die Klasse *Pound* sehr kompakt geschrieben werden. Hiermit wird in diesem speziellen Fall sicherlich die Verwendung der zusätzlichen Klassen entfallen. Das gezeigte Pattern wird unter Einsatz von Reflection in vielen Einsatzgebieten jedoch gewinnbringend einsetzbar sein.

Dynamic Patterns

4.1 Dynamic Adapter

Prinzipiell gibt es zwei verschiedene Typen von Adapter Design Patterns: das Object Adapter Pattern und das Class Adapter Pattern. Der Vorteil des Object Adapters ist, dass es auf ganze Hierarchien von Objekten angewendet werden kann, der Vorteil des Class Adapter Patterns, dass nicht alle Methoden überschrieben werden müssen. Wie sieht das nun an einem Beispiel aus? Nehmen wir das Beispiel, das wohl jeder Entwickler kennt. *Collection. toArray()* gibt einem Entwickler ein *Object*-Array als Ergebnis zurück. Das ist ein eher unbefriedigendes Ergebnis. Seit JDK5 jedoch gibt es ein Feature, das nicht ganz so bekannt ist. Der Rückgabewert einer Methode kann bei überschriebenen Methoden verändert werden. Sehen wir uns nun den Fall für eine *Collection* mit *Strings* an. Um dies in ein Array umzuwandeln, muss als Argument ein String Array selbst übergeben werden. Da dies nicht sehr elegant ist, stellt sich die Frage, wie man sich diesen Schritt sparen kann.

Beginnen wir mit einer Klasse, geben ihr den Namen *BetterArrayList* und erben von der Klasse *ArrayList* (Listing 4.2). Der wichtige Teil ist die Methode *toArray()* (Listing 4.1).

```
public T[] toArray() {
      return toArray(
          (T[]) Array.newInstance(valueType, size()));
   }
```

Listing 4.1: „BetterArrayList.toArray()"

```java
public class BetterArrayList<T> extends ArrayList<T> {

    private final Class<T> valueType;

    public BetterArrayList(int initialCapacity,
        Class<T> valueType) {
        super(initialCapacity);
        this.valueType = valueType;
    }

    public BetterArrayList(Class<T> valueType) {
        this.valueType = valueType;
    }

    public BetterArrayList(Collection<? extends T> ts,
                           Class<T> valueType) {
        super(ts);
        this.valueType = valueType;
    }

    // You can modify the return type of
    // an overridden method in
    // Java 5, with some restrictions.
    public T[] toArray() {
        return toArray(
            (T[]) Array.newInstance(valueType, size()));
    }

    public static void main(String[] args) {
        BetterArrayList<String> names =
                new BetterArrayList<String>(String.class);
        names.add("Wolfgang");
        names.add("Leander");
        names.add("Klaus");
        names.add("Reinhard");
        String[] nameArray = names.toArray();
        for (String s : nameArray) {
            System.out.println(s);
```

entwickler.press

```
        }
    }
}
```

Listing 4.2: „BetterArrayList"

Bei der Verwendung der Klasse *BetterArrayList* sieht man den
Vorteil: Es ist nicht mehr nötig, die typische und weniger elegante
Version und Syntax des JDK zu verwenden. Jedoch muss bei jeder
Instanziierung der Typ mit angegeben werden, und diese Imple-
mentierung arbeitet immer mit einer *ArrayList*. In vielen Fällen
mag das ausreichen, jedoch nicht in allen.

Der nächste Schritt besteht nun darin, ein Interface *BetterCollection* und eine Klasse *BetterCollectionObjectAdapter* zu schreiben
(Listing 4.4). Bei einem *ObjectAdapter* handelt es sich um eine
Hüllklasse, die die Methodenaufrufe durchdelegiert. Dieses Pattern gehört zur Klasse der Strukturmuster. Ziel dieses Patterns
ist die Umsetzung von der Schnittstelle A auf die Schnittstelle B.
Durch den Einsatz des *ObjectAdapter* ist es nicht mehr nötig, für
jede Klasse eine korrespondierende mit der neuen *toArray*-Me-
thode zu schreiben (Listing 4.3).

```
public interface BetterCollection <T> extends
Collection<T> {
    T[] toArray();
}
```

Listing 4.3: „BetterCollection"

```
public class BetterCollectionObjectAdapter<T>
    implements BetterCollection<T> {
    private final Collection<T> adaptee;
    private final Class<T> valueType;

    public BetterCollectionObjectAdapter(
        Collection<T> adaptee, Class<T> valueType) {
        this.adaptee = adaptee;
```

```java
    this.valueType = valueType;
}
public T[] toArray() {
    return adaptee.toArray(
            (T[]) Array.newInstance(valueType,
                    adaptee.size())));
}
// With the Object Adapter Design Pattern you
// typically have to implement all the methods :-(
// (although Java 8's default methods help here)
public int size() {
    return adaptee.size();
}
public boolean isEmpty() {
    return adaptee.isEmpty();
}
public boolean contains(Object o) {
    return adaptee.contains(o);
}
public Iterator<T> iterator() {
    return adaptee.iterator();
}
public <T> T[] toArray(T[] ts) {
    return adaptee.toArray(ts);
}
public boolean add(T t) {
    return adaptee.add(t);
}
public boolean remove(Object o) {
    return adaptee.remove(o);
}
public boolean containsAll(Collection<?> c) {
    return adaptee.containsAll(c);
}
public boolean addAll(Collection<? extends T> ts) {
    return adaptee.addAll(ts);
}
public boolean removeAll(Collection<?> c) {
```

```
        return adaptee.removeAll(c);
    }
    public boolean retainAll(Collection<?> c) {
        return adaptee.retainAll(c);
    }
    public void clear() {
        adaptee.clear();
    }
}
```

Listing 4.4: „BetterCollectionObjectAdapter"

```
public static void main(String[] args) {
        BetterCollection<String> names =
                new BetterCollectionObjectAdapter<>(
                        new LinkedList<>(), String.class);
        names.add("Wolfgang");
        names.add("Leander");
        names.add("Klaus");
        names.add("Reinhard");
        String[] nameArray = names.toArray();
        for (String s : nameArray) {
            System.out.println(s);
        }
    }
```

Listing 4.5: „BetterCollectionObjectAdapter"-Test

Soweit funktioniert diese Lösung nun, jedoch sollte man dabei ein paar Punkte bedenken. Um diese Lösung durchgehend zu verwenden, müssen auch die Interfaces *Set, List, SortedSet, ...* mit einem solchen Adapter versehen werden. Das bedeutet einigen zeitlichen Aufwand und ist nur dann sinnvoll, wenn man davon ausgehen kann, dass sich die jeweiligen Interfaces nicht ändern. Es ist zwar recht unwahrscheinlich, dass das passieren wird, doch in diesem Fall kann der Quelltext nicht mehr kompiliert werden. An anderer Stelle ist das leider schon passiert, wie z. B. *java.sql. Connection*. Wie also kann eine Lösung aussehen?

4.2 Dynamic Object Adapter basierend auf Dynamic Proxies

Der Grundgedanke ist recht simpel: Unter der Annahme, dass wir eine Factory verwenden, die eine Methode *adapt* mit den Übergabeparametern

- *adaptee*: das zu adaptierende Objekt
- *target*: das Interface, das zurückgeliefert werden soll
- *adapter*: das Objekt, das die Methode besitzt, die verwendet werden soll

besitzt, erzeugen wir einen Dynamic Proxy für das Target-Interface.

Der *InvocationHandler* wird jedes Mal aufgerufen, wenn eine Methode des *DynamicProxys* aufgerufen wird. Für jede Methode innerhalb des Adapters gibt es in einer *Map* (*adaptedMethods*) einen Key, basierend auf dem Namen der Methode inkl. der Signatur (Listing 4.6). Das Value korrespondierend zum Key ist eine Instanz der Klasse *Method*. Der Vorteil dieses Vorgehens ist, dass es keine Vererbungsbeziehung zwischen dem Adapter und dem Target-Interface gibt.

Der entsprechende Quelltext dazu findet sich in der Klasse *DynamicObjectAdapterFactory*. Ist eine Methode in der *HashMap* passend, wird sie aufgerufen, ansonsten die des Originals (Listings 4.7 und 4.9).

```
Method other = adaptedMethods.get(
  new MethodIdentifier(method));
if (other != null) {
  return other.invoke(adapter, args);
} else {
  return method.invoke(adaptee, args);
}
```

Listing 4.6: Methodenweiche

```java
public class DynamicObjectAdapterFactory {
  public static <T> T adapt(final Object adaptee,
    final Class<T> target,
    final Object adapter) {
    return (T) Proxy.newProxyInstance(
      target.getClassLoader(),
      new Class[]{target},
      new InvocationHandler() {
        private Map<MethodIdentifier, Method>
          adaptedMethods = new HashMap<>();
        // initializer block -
        // find all methods in adapter object
        {
          Method[] methods = adapter.getClass()
            .getDeclaredMethods();
          for (Method m : methods) {
            adaptedMethods.put(new MethodIdentifier(m), m);
          }
        }
        public Object invoke(Object proxy, Method method,
          Object[] args) throws Throwable {
          try {
            Method other = adaptedMethods.get(
              new MethodIdentifier(method));
            if (other != null) {
              return other.invoke(adapter, args);
            } else {

              return method.invoke(adaptee, args);
            }
          } catch (InvocationTargetException e) {
            throw e.getTargetException();
          }
        }
      });
  }

  private static class MethodIdentifier {
```

```
    private final String name;
    private final Class[] parameters;

    public MethodIdentifier(Method m) {
      name = m.getName();
      parameters = m.getParameterTypes();
    }
    // we can save time by assuming
    // that we only compare against
    // other MethodIdentifier objects
    public boolean equals(Object o) {
      MethodIdentifier mid = (MethodIdentifier) o;
      return name.equals(mid.name) &&
        Arrays.equals(parameters, mid.parameters);
    }
    public int hashCode() {
      return name.hashCode();
    }
  }
}
```

Listing 4.7: „DynamicObjectAdapterFactory"

In der *BetterCollectionFactory* wird der Adapter dynamisch erzeugt. Hierzu wird eine Instanz von *Object* um genau die Adaptermethoden erweitert und der Methode *adapt* übergeben (Listing 4.8). Das kann natürlich auch in eigenen Klassen realisiert werden. Damit wäre das der Einstiegspunkt, um dynamisch zur Laufzeit den Adapter auszutauschen.

```
public class BetterCollectionFactory {
  public static <T> BetterCollection<T> asBetterCollection(
    final Collection<T> adaptee, final Class<T> valueType) {
    return DynamicObjectAdapterFactory.adapt(adaptee,
      BetterCollection.class,
// this anonymous inner class contains the method that
// we want to adapt
      new Object() {
```

```java
        public T[] toArray() {
          return adaptee.toArray((T[]) Array.newInstance(
            valueType, adaptee.size()));
        }
// Whilst we are at it, we could also make it into a
// checked collection, see java.util.Collections for
// an example.
        public boolean add(T o) {
          if (!valueType.isInstance(o))
            throw new ClassCastException(
                                        "Attempt to insert "
              +o.getClass()
              +" value into collection with value type "
              + valueType);
          return adaptee.add(o);
        }
// addAll left as an exercise for the reader :-)
      });
  }
}
```

Listing 4.8: „BetterCollectionFactory"

```java
public static void main(String[] args) {
  BetterCollection<String> names
    = BetterCollectionFactory.asBetterCollection(
    new ArrayList<String>(), String.class);

  names.add("Wolfgang");
  names.add("Leander");
  names.add("Klaus");
  names.add("Reinhard");
  String[] nameArray = names.toArray();
  for (String s : nameArray) {
    System.out.println(s);
  }
}
```

Listing 4.9: „DynamicObjectAdapterFactory"-Test

Fazit

Mittels Reflection konnte die harte Koppelung, die durch die Vererbung entsteht, ausgelöst werden. Komfortabel ist zudem, dass nur der zu verändernde Teil in einem Adapter reimplementiert werden muss. Dadurch ergibt sich als zusätzlicher Bonus ein Quelltext, der gegen Veränderungen in den Zielinterfaces robust geworden ist.

4.3 Dynamic Composite

Nun sehen wir uns das Pattern *Dynamic-Composite* an (Listing 4.10). Hierbei handelt es sich um einen Proxy, der eine Liste von realen Subjekten erhält, die in der Reihenfolge aufgerufen werden, in der sie dem Proxy-Generator übergeben werden. Ein Composite funktioniert nur, wenn es keinen Rückgabewert geben wird. Sollte dem nicht so sein, stellt sich die Frage, welcher der Rückgabewerte das finale Ergebnis sein soll. Das ist nur eindeutig darstellbar, wenn man die Ergebnisse zu einem Gesamtergebnis zusammenführen kann. Das Vorgehen ist recht einfach, da es lediglich eine Mulitplizität eines einfachen Proxys ist.

```java
public class ProxyGenerator {
  public static <P> P makeComposite(Class<P> subintf,
    final P... realSubjects) {
    return subintf.cast(Proxy.newProxyInstance(
        subintf.getClassLoader(),
        new Class<?>[]{subintf},
        (proxy, method, args) -> {
          Object lastResult = null;
          for (P realSubject : realSubjects) {
            System.out.println("realSubject = "
                + realSubject.getClass());
            lastResult = method.invoke(realSubject, args);
          }
          return lastResult;
        }
```

```
    ));
  }
  public static void main(String[] args) {
    Subject_A subject_a = new Subject_A();
    Subject_B subject_b = new Subject_B();
    Subject_C subject_c = new Subject_C();
    Subject composite = ProxyGenerator
        .makeComposite(Subject.class,
            subject_a, subject_b, subject_c);
    String doSomething = composite
        .doSomething(LocalDateTime.now());
    System.out.println("doSomething = " + doSomething);
  }
}
public interface Subject {
  public String doSomething(LocalDateTime date);
}
public class Subject_A implements Subject{
  @Override
  public String doSomething(LocalDateTime date) {
    return "Subject_A " + date;
  }
}
public class Subject_B implements Subject{
  @Override
  public String doSomething(LocalDateTime date) {
    return "Subject_B " + date;
  }
}
public class Subject_C implements Subject{
  @Override
  public String doSomething(LocalDateTime date) {
    return "Subject_C " + date;
  }
}
```

Listing 4.10: Dynamic Composite

KAPITEL 5

Generierte statische Proxies

In dem JDK gibt es das Compiler API, das es dem Entwickler ermöglicht, Java-Klassen zur Laufzeit selbst zu übersetzen. Eines der Haupteinsatzgebiete ist die Verwendung im Zusammenhang mit Codegeneratoren, die Java-Quelltexte erzeugen. Nach dem Übersetzungsvorgang kann man das Ergebnis über einen Classloader direkt laden und verwenden. Prinzipiell gibt es verschiedene Vorgehensweisen. Wir werden uns hier den standardisierten Java-Compiler aus dem Package *javax.tools* ansehen, der seit Java 6 im JDK enthalten ist und erstmals im JSR-199 „Java Compiler" definiert wurde. Um zur Laufzeit dynamisch Bytecode zu erzeugen, ist für uns die Möglichkeit von Interesse, aus einem String heraus Bytecode zu erzeugen und zu laden. Der String soll zur Laufzeit generiert und nicht aus einer Datei geladen werden.

Prinzipiell werden folgende Teile benötigt: zum einen eine Klasse, die den Quellcode repräsentiert – in unserem Fall die Klasse *GeneratedJavaSourceFile*. Zu beachten ist hier, dass die Repräsentation final in einer *CharSequence* vorliegen darf. Man muss also einen StringBuilder nicht unbedingt zu einem String konvertieren. Der Aufbau selbst ist recht simpel. Es wird ein URI angegeben, der hier lediglich aus einem Klassennamen mit der Sourcecode Extension (Java) besteht, und der Typ *Kind.SOURCE*. Der Inhalt selbst wird in einem Attribut vom Typ *CharSequence* mit dem Namen *javaSource* gespeichert (Listing 5.1).

```java
public class GeneratedJavaSourceFile
    extends SimpleJavaFileObject {
    private CharSequence javaSource;
```

```
    public GeneratedJavaSourceFile(String className,
                                   CharSequence javaSource)
{
        super(URI.create(className + ".java"), Kind.SOURCE);
        this.javaSource = javaSource;
    }
    public CharSequence getCharContent(
        boolean ignoreEncodeErrors)
            throws IOException {
        return javaSource;
    }
}
```

Listing 5.1: „GeneratedJavaSourceFile"

Das Gegenstück zum Quelltext ist der Bytecode, der durch die Klasse *GeneratedClassFile* wiedergegeben wird. Der Aufbau ist ähnlich wie der der Sourcecode-Repräsentation. Der URI enthält den Klassennamen mit der Extension *class*, und der übergebene Typ ist nun *Kind.CLASS*. Die generierte Klasse selbst wird im Attribut *outputStream* vom Typ *ByteArrayOutputStream* gespeichert (Listing 5.2).

```
public class GeneratedClassFile extends
                                   SimpleJavaFileObject {
    private final ByteArrayOutputStream outputStream
        = new ByteArrayOutputStream();
    public GeneratedClassFile() {
        super(URI.create("generated.class"),
            JavaFileObject.Kind.CLASS);
    }
    public OutputStream openOutputStream() {
        return outputStream;
    }
    public byte[] getClassAsBytes() {
        return outputStream.toByteArray();
    }
}
```

Listing 5.2: „GeneratedClassFile"

In beiden Klassen wurde übrigens nicht die in der API-Doc ange-
gebene URI-Schreibweise *string:///Classname.java* benutzt, da die
hier verwendete ebenfalls bestens funktioniert.

Nun sind Quelle und Ziel definiert. Wie sieht die Verbindung da-
zwischen aus?

Der Zugriff auf die Quelle und das Ziel erfolgt über einen so ge-
nannten *JavaFileManager*, den man sich wie den Dateimanager
für den Compiler vorstellen kann. Normalerweise werden hier
beim *StandardJavaFileManager* die Zwischenschritte in tempo-
rären Dateien auf der Festplatte zwischengespeichert. Genau das
wollen wir in unserem Fall nicht, daher wird ein *FileManager* implementiert (*GeneratingJavaFileManager*), der dies ausschließlich im Speicher hält. Es wird lediglich das *ByteArray* weitergereicht (Listing 5.3).

```
public class GeneratingJavaFileManager
    extends ForwardingJavaFileManager<JavaFileManager> {
    private final GeneratedClassFile gcf;
    public GeneratingJavaFileManager(
            StandardJavaFileManager sjfm,
            GeneratedClassFile gcf) {
        super(sjfm);
        this.gcf = gcf;
    }
    public JavaFileObject getJavaFileForOutput(
            Location location, String className,
            JavaFileObject.Kind kind, FileObject sibling)
            throws IOException {
        return gcf;
    }
}
```

Listing 5.3: „GeneratedJavaFileManager"

Zum Abschluss fehlt noch der Generator selbst. Wie wird also aus
dem String der Bytecode? Sehen wir uns dazu die Klasse *Generator* ein wenig genauer an (Listing 5.4).

Der Generator verwendet die „private static native" Methode *defineClass0* aus der Klasse *Proxy*, um die generierte Klasse direkt dem *ClassLoader* hinzuzufügen. Sollte die Klasse schon vorhanden sein, wird eine Exception geworfen. Die einzelnen Schritte sind schnell erklärt. Zuerst wird die Klasse kompiliert. Sollte das zu Fehlern führen, führt dies in der Methode *processResults* dazu, dass die Fehler auf *System.out* geschrieben werden. Ist alles normal verlaufen, wird die Klasse erzeugt und mit dem Aufruf der Methode *defineClass0* direkt dem *ClassLoader* übergeben. Der Weg über die Methode *defineClass0* wird genommen, damit nicht für jede neu generierte Klasse ein neuer *ClassLoader* erzeugt werden muss.

Allerdings gilt es hier zu beachten, dass dies bei der Verwendung von *Java7u4-b21* nicht funktioniert und die JVM mit einer Fehlermeldung endet. Das ist ein Bug, der schon in der nächsten Version behoben worden ist.

Die Verwendung des Generators erfolgt, indem ein String, der den Java-Quelltext beinhaltet, der Methode *make(..)* übergeben wird. Die zurückgelieferte Klasse kann dann per *newInstance()* dazu verwendet werden, neue Objekte zu erzeugen.

```
public class Generator {
    private static final Method defineClassMethod;
    private static final JavaCompiler jc;

    static {
        try {
            defineClassMethod = Proxy.class.
                                getDeclaredMethod(
                    "defineClass0", ClassLoader.class,
        String.class, byte[].class, int.class, int.class);
            defineClassMethod.setAccessible(true);
        } catch (NoSuchMethodException e) {
            throw new ExceptionInInitializerError(e);
        }
        jc = ToolProvider.getSystemJavaCompiler();
        if (jc == null) {
```

```java
            throw new UnsupportedOperationException(
                    "Cannot find java compiler! " +
                        "Probably only JRE installed.");
        }
    }
    public static Class make(ClassLoader loader, String
                    className, CharSequence javaSource) {
        GeneratedClassFile gcf = new GeneratedClassFile();
        DiagnosticCollector<JavaFileObject> dc =
                new DiagnosticCollector<JavaFileObject>();
        boolean result = compile(className, javaSource,
                                            gcf, dc);
        return processResults(loader, javaSource, gcf,
                                            dc, result);
    }

    private static boolean compile(
            String className, CharSequence javaSource,
            GeneratedClassFile gcf, DiagnosticCollector
                            <JavaFileObject> dc) {
        GeneratedJavaSourceFile gjsf
            = new GeneratedJavaSourceFile( className,
                                            javaSource);
        GeneratingJavaFileManager fileManager =
                new GeneratingJavaFileManager(
                        jc.getStandardFileManager(dc,
                                    null, null), gcf);
        JavaCompiler.CompilationTask task = jc.getTask(
                null, fileManager, dc, null, null,
                Arrays.asList(gjsf));
        return task.call();
    }

    private static Class processResults(
            ClassLoader loader, CharSequence javaSource,
            GeneratedClassFile gcf,
                            DiagnosticCollector<?> dc,
            boolean result) {
        if (result) {
```

```
                return createClass(loader, gcf);
        } else {
// use your logging system of choice here
            System.err.println("Compile failed:");
            System.err.println(javaSource);
            for (Diagnostic<?> d : dc.getDiagnostics()) {
                System.err.println(d);
            }
            throw new IllegalArgumentException(
             "Could not create proxy - compile failed");
        }

    }

    private static Class createClass(
        ClassLoader loader, GeneratedClassFile gcf) {
        try {
            byte[] data = gcf.getClassAsBytes();
            return (Class) defineClassMethod.invoke(
                    null, loader, null, data, 0, data.
                                              length);
        } catch (RuntimeException e) {
            throw e;
        } catch (Exception e) {
            throw
             new IllegalArgumentException(
                                "Proxy problem", e);
        }
    }
}

public class GeneratorTest {
  public static void main(String[] args) throws Exception {
    Class testClass = Generator.make(
      null, "WatchThis",
      "" +
      "package coolthings;\n" +
      "\n" +
      "public class WatchThis implements Runnable {\n" +
```

entwickler.press

```
   " public WatchThis() {\n" +
   " System.out.println(\"Hey this works!\");\n" +
   " }\n" +
   "\n" +
   " public void run() {\n" +
   " System.out.println(Thread.currentThread());\n" +
   " while(Math.random() < 0.95) {\n" +
   " System.out.println(\"Cool stuff!\");\n" +
   " }\n" +
   " }\n" +
   "}\n"
   );
   Runnable r = (Runnable) testClass.newInstance();
   Class<? extends Runnable> clazz = r.getClass();
   System.out.println("Our class: " + clazz.getName());
   System.out.println("Classloader: " +
     clazz.getClassLoader());
   Thread t = new Thread(r, "Cool Thread");
   t.start();
 }
}
```

Listing 5.4: Generator/GeneratorTest

Nachdem die Basiswerkzeuge nun vorhanden sind, stellt sich die Frage nach einem anschaulichen Beispiel. Gehen wir im Folgenden davon aus, dass eine Firma ein moralisches Bewusstsein hat. Das ist ein Luxusgut, wenn keiner nach dieser Moral fragt bzw. wenn es nach außen keine Wirkung erzielt. Daher wird eine virtuelle Moral erzeugt, die dann zu realer Moral wird, wenn der erste Fall eintritt, bei dem eine solche Moral sichtbar werden kann. Für uns bedeutet das, dass erst bei einem bestimmten Methodenaufruf eine Instanz der Moral erzeugt wird. Beginnen wir mit der Klasse *Company*, die aus den Methoden *damageEnvironment()*, *makeMoney()* und *becomeFocusOfMediaAttention()* besteht (Listing 5.5). Damit wird das Verhalten simuliert, dass erst bei Aufmerksamkeit die Moral zum Tragen kommt, also Geld kostet.

```java
public class Company {
    private final String name;
    private final MoralFibre moralFibre;
    private double cash;
    public Company(String name, double cash,
        MoralFibre moralFibre) {
        this.name = name;
        this.cash = cash;
        this.moralFibre = moralFibre;
        System.out.println("Company constructed: " + this);
    }
    public void damageEnvironment() {
        cash += 4000000;
        System.out.println("Company.damageEnvironment(): "
            + this);
    }
    public void makeMoney() {
        cash += 1000000;
        System.out.println("Company.makeMoney(): " + this);
    }
    public void becomeFocusOfMediaAttention() {
        cash -= moralFibre.actSociallyResponsibly();
        cash -= moralFibre.cleanupEnvironment();
        cash -= moralFibre.empowerEmployees();
        System.out.println("Look how good we are... "
                                            + this);
    }
    public String toString() {
        return String.format("%s has $ %.2f", name, cash);
    }
}
```

Listing 5.5: Company

Die Funktionsweise der Methoden ist recht eindeutig: Geld wird mit der Schädigung der Umgebung verdient, und sobald das in den Fokus der Allgemeinheit gerät, wird es teuer (*becomeFocusOfMediaAttention*). Die Moral wird hier durch das Interface *MoralFibre* beschrieben (Listing 5.6).

```
public interface MoralFibre {
    double actSociallyResponsibly();
    double empowerEmployees();
    double cleanupEnvironment();
}
```

Listing 5.6: „MoralFibre"

Damit ist das Verhalten beschrieben, doch wie sieht es mit der Moral nun wirklich aus? Hierzu implementieren wir eine Klasse *MoralFibreImpl*, die wir absichtlich zu einem teuren Konstrukt machen. Simuliert wird dies durch das Erzeugen eines unnötig großen *byte*-Arrays (Listing 5.7).

```
public class MoralFibreImpl implements MoralFibre {
    // very expensive to create moral fibre!
    private byte[] costOfMoralFibre = new byte[900 * 1000];
    {
        System.out.println("MoralFibre Created!");
    }
    // AIDS orphans
    public double actSociallyResponsibly() {
        return costOfMoralFibre.length / 3;
    }
    // shares to employees
    public double empowerEmployees() {
        return costOfMoralFibre.length / 3;
    }
    // oiled sea birds
    public double cleanupEnvironment() {
        return costOfMoralFibre.length / 3;
    }
}
```

Listing 5.7: „MoralFibreImpl"

Der entscheidende Punkt ist nun: wann genau wird diese Klasse instanziiert? Der triviale Fall geht davon aus, dass wir das Objekt erst dann erzeugen, wenn es benötigt wird. Allerdings legen wir keinen Wert darauf, dass dies im System nur einmal passieren wird. Die Implementierung der Klasse *VirtualMoralFibre* ist entsprechend sehr einfach. Die jeweilige Art der Instanziierung erfolgt nun anhand von verschiedenen Beispielen in der Methode *realSubject()* (Listing 5.8).

```
public abstract class VirtualMoralFibre
                             implements MoralFibre {
    protected abstract MoralFibre realSubject();
    public final double actSociallyResponsibly() {
        return realSubject().actSociallyResponsibly();
    }
    public final double empowerEmployees() {
        return realSubject().empowerEmployees();
    }
    public final double cleanupEnvironment() {
        return realSubject().cleanupEnvironment();
    }
}
```

Listing 5.8: „VirtualMoralFibre"

Die einfachste Implementierung (*VirtualMoralFibreNotThreadSafe*) besteht darin, ein Objekt beim ersten Aufruf zu erzeugen und in einem privaten Attribut zu speichern. Ob das Objekt erzeugt wird, wird anhand einer Prüfung auf null entschieden (Listing 5.9).

```
public class VirtualMoralFibreNotThreadSafe
        extends VirtualMoralFibre {
    private MoralFibre realSubject;
    protected MoralFibre realSubject() {
        if (realSubject == null) {
            realSubject = new MoralFibreImpl();
        }
        return realSubject;
    }
}
```

Listing 5.9: „VirtualMoralFibreNotThreadSafe"

Die erste Verbesserung ist eine Lösung auf Basis von *AtomicReferences*. Hier allerdings kann es passieren, dass es dennoch mehr als eine Instanziierung geben wird. Der Kern der Vorgehensweise ist hier ebenfalls eine Prüfung auf null bei einem privaten Attribut. Das Setzen des Attributs findet hier mittels des vorherigen Vergleichs durch die Methode *compareAndSet* statt. Ziel ist hier, dass nur einmal eine Instanz erzeugt wird, obwohl kein Locking stattfindet (Listing 5.10).

```
public class VirtualMoralFibreLockFree
        extends VirtualMoralFibre {
    private final AtomicReference<MoralFibre> realSubject =
            new AtomicReference<MoralFibre>();
    protected MoralFibre realSubject() {
        MoralFibre subject = realSubject.get();
        if (subject == null) {
            subject = new MoralFibreImpl();
            if (!realSubject.compareAndSet(null, subject)) {
                subject = realSubject.get();
            }
        }
        return subject;
    }
}
```

Listing 5.10: „VirtualMoralFibreLockFree"

Das Gegenstück zur *LockFree*-Implementierung kann die Realisierung mittels *ReentrantLock* sein. Hier wird ebenfalls wieder auf null geprüft. Ist das der Fall, wird der Lock gesetzt, die Variable erzeugt und der Lock wieder freigegeben (Listing 5.11).

```
public class VirtualMoralFibreThreadSafe {
    private volatile MoralFibre realSubject;
    private final Lock initializationLock
        = new ReentrantLock();
    protected MoralFibre realSubject() {
        MoralFibre result = realSubject;
        if (result == null) {
```

```
            initializationLock.lock();
            try {
                result = realSubject;
                if (result == null) {
                    result = realSubject
                        = new MoralFibreImpl();
                }
            } finally {
                initializationLock.unlock();
            }
        }
        return result;
    }
}
```

Listing 5.11: „VirtualMoralFibreThreadSafe"

Um jetzt eine der Lösungen zu verwenden, muss einer Instanz der Klasse *Company* im Konstruktor eine beliebige Lösung mit übergeben werden. Im letzten Fall würde der Aufruf so aussehen wie in Listing 5.12 dargestellt.

```
new Company("Cretesoft",20000.0,
    new VirtualMoralFibreLockFree())
```

Listing 5.12: Erzeugen einer Company

Anstelle der handgeschriebenen Lösung kann man nun auch einen *DynamicProxy* verwenden. Allerdings funktioniert das nur, wenn final auf ein Interface hingearbeitet wird. Die einfachste Lösung ist auch hier wieder *NotThreadSafe* (Listing 5.13). Nicht vergessen sollte man an dieser Stelle, dass der Aufruf über einen Proxy auch immer einen Overhead darstellt.

```
public class VirtualDynamicProxyNotThreadSafe
    implements InvocationHandler {
    private final Class realSubjectClass;
    private Object realSubject;
    public VirtualDynamicProxyNotThreadSafe(
        Class realSubjectClass) {
```

```
        this.realSubjectClass = realSubjectClass;
    }
    private Object realSubject() throws Exception {
        if (realSubject == null) {
            realSubject = realSubjectClass.newInstance();
        }
        return realSubject;
    }
    public Object invoke(
            Object proxy, Method method, Object[] args)
            throws Throwable {
        return method.invoke(realSubject(), args);
    }
}
```

Listing 5.13: „VirtualDynamicProxyNotThreadSafe"

Die Funktionsweise ist äquivalent zur Lösung *VirtualMoralFibre-NotThreadSafe*. Der Unterschied ist lediglich der, dass nun alle Aufrufe über einen Proxy geleitet werden. Diese Vorgehensweise lässt sich mit allen bisher dargestellten Lösungen durchführen.

5.1 Erzeugung von Proxies als statische Klassen

Statt dynamische Proxies zu verwenden, kann der Proxy auch zur Laufzeit generiert werden. Bei der Generierung soll entschieden werden, ob es sich dabei um einen statischen oder dynamischen Proxy handelt und wie das Nebenläufigkeitsverhalten ist. Dazu führen wir zwei Enums ein, *ProxyType* und *Concurrency* (Listing 5.14).

```
public enum ProxyType {
    STATIC, DYNAMIC
}
public enum Concurrency {
    NONE, SOME_DUPLICATES, NO_DUPLICATES;
}
```

Listing 5.14: „ProxyType" und „Concurrency"

Um die Klassennamen der erzeugten Klassen für den Menschen
lesbarer zu gestalten, implementieren wir eine *Util*-Klasse mit der
Methode *prettyPrint(..)*. Die Klassennamen sollen so lauten, wie
sie von einem Menschen gewählt werden würden, wenn sie als
Quelltext von Hand geschrieben worden wären (Listing 5.15).

```
public class Util {
    public static String prettyPrint(Class clazz) {
        return prettyPrint(clazz, "");
    }
    public static String prettyPrint(Class c,
        String postfix) {
        if (c.isArray()) {
            return prettyPrint(c.getComponentType(),
                postfix + "[]");
        } else {
            Package pack = c.getPackage();
            if (pack != null && pack.getName()
                    .equals("java.lang")) {
                return c.getSimpleName() + postfix;
            }
            return c.getName() + postfix;
        }
    }
}
```

Listing 5.15: „Util"

Was nun noch fehlt, ist der *ProxyGenerator*, mit dessen Hilfe wir
die CharSequence für das gewollte *ProxySubject* generieren. Als
Eingabe werden die beiden *Enumerationen* verwendet, die dann
die Generierung steuern. Die Auswahl, welche Implementierung
des *ProxyGenerators* verwendet wird, erfolgt in der Methode
create(..) und ist durch eine einfache *Switch-case*-Anweisung
realisiert. Alle generierten Klassen werden intern in einer *Map*
gespeichert, um zu verhindern, dass sie zweimal generiert werden
(Listing 5.16).

```
public class ProxyGenerator {
    private static final WeakHashMap cache
        = new WeakHashMap();
    public static <T> T make(
            Class<T> subject,
            Class<? extends T> realClass,
            Concurrency concurrency,
            ProxyType type) {
        return make(subject.getClassLoader(),
                subject, realClass, concurrency, type);
    }
    public static <T> T make(
            Class<T> subject, Class<? extends T> realClass,
            Concurrency concurrency) {
        return make(subject, realClass, concurrency,
                ProxyType.STATIC);
    }
    public static <T> T make(ClassLoader loader,
                             Class<T> subject,
                             Class<? extends T> realClass,
                             Concurrency concurrency,
                             ProxyType type) {
        Object proxy = null;
        if (type == ProxyType.STATIC) {
            proxy = createStaticProxy(loader, subject,
                    realClass, concurrency);
        } else if (type == ProxyType.DYNAMIC) {
            proxy = createDynamicProxy(loader,
                    subject, realClass, concurrency);
        }
        return subject.cast(proxy);
    }
    private static Object createStaticProxy(
            ClassLoader loader, Class subject,
            Class realClass, Concurrency concurrency) {
        Map clcache;
        synchronized (cache) {
            clcache = (Map) cache.get(loader);
```

```
            if (clcache == null) {
                cache.put(loader, clcache = new HashMap());
            }
        }
        try {
            Class clazz;
            CacheKey key = new CacheKey(subject,
                                               concurrency);
            synchronized (clcache) {
                clazz = (Class) clcache.get(key);
                if (clazz == null) {
                    VirtualProxySourceGenerator vpsg
                        = create(subject,
                            realClass, concurrency);
                    clazz = Generator.make(loader,
                            vpsg.getProxyName(),
                            vpsg.getCharSequence());
                    clcache.put(key, clazz);
                }
            }
            return clazz.newInstance();
        } catch (RuntimeException e) {
            throw e;
        } catch (Exception e) {
            throw new IllegalArgumentException(e);
        }
    }
    private static VirtualProxySourceGenerator create(
            Class subject, Class realClass,
            Concurrency concurrency) {
        switch (concurrency) {
            case NONE:
                return
                new VirtualProxySourceGenerator
                                            NotThreadsafe(
                        subject, realClass
                    );
            case SOME_DUPLICATES:
```

```
            return
            new VirtualProxySourceGeneratorSome
                                         Duplicates(
                subject, realClass
            );
        case NO_DUPLICATES:
            return
            new VirtualProxySourceGeneratorNo
                                         Duplicates(
                subject, realClass
            );
        default:
            throw new IllegalArgumentException(
                    "Unsupported Concurrency: "
                    + concurrency);
    }
}
private static Object createDynamicProxy(
        ClassLoader loader, Class subject,
        Class realClass, Concurrency concurrency) {
    if (concurrency != Concurrency.NONE) {
        throw new IllegalArgumentException(
                "Unsupported Concurrency: "
                + concurrency);
    }
    return Proxy.newProxyInstance(
            loader,
            new Class<?>[]{subject},
            new VirtualDynamicProxyNotThreadSafe(
                    realClass));
}
private static class CacheKey {
    private final Class subject;
    private final Concurrency concurrency;
    private CacheKey(Class subject,
            Concurrency concurrency) {
        this.subject = subject;
        this.concurrency = concurrency;
```

```
        }
        public boolean equals(Object o) {
            if (this == o) return true;
            if (o == null || getClass() != o.getClass())
                return false;
            CacheKey that = (CacheKey) o;
            if (concurrency != that.concurrency)
                                          return false;
            return subject.equals(that.subject);
        }
        public int hashCode() {
            return 31 * subject.hashCode()
                + concurrency.hashCode();
        }
    }
}
```

Listing 5.16: „ProxyGenerator"

Bis hierher ist alles recht übersichtlich. Nun kommen wir zum Kern der Angelegenheit: Der *VirtualProxySourceGenerator* (VPSG) erzeugt eine *CharSequence*, basierend auf der Struktur des Proxy-Subjekts. In unserem Fall handelt es sich um das Interface *MoralFibre*. Für jeden Teilabschnitt, der zu generieren ist, gibt es eine spezielle Methode. Nehmen wir zum Beispiel die *return*-Anweisungen. Hier wird in der Methode *addReturnKeyword* der Rückgabewert von der übergebenen Instanz der Klasse *Method* ausgelesen. Handelt es sich um *void*, wird nichts generiert, ansonsten ein String mit dem Inhalt *return* (Listing 5.17).

```
private void addReturnKeyword(PrintWriter out, Method m) {
        if (m.getReturnType() != void.class) {
            out.print("return ");
        }
}
```

Listing 5.17: „addReturnKeyword"

In dieser Art ist der gesamte Generator aufgebaut. Damit ist der Grundaufbau des Proxys erzeugt. Es findet also eine Delegation an das Original statt. Nun fehlt noch die Methode, die das jeweilige Subject selbst generiert. Mit Subject ist hier die Art und Weise gemeint, wie die Erzeugung der Instanz *VirtualMoralFibre* stattfindet. Von Hand hatten wir die Klassen *VirtualMoralFibreLockFree*, *VirtualMoralFibreNotThreadSafe* und *VirtualMoralFibreThreadSafe* geschrieben. Dies ist die Vorlage für die korrespondierenden Generatoren. Man kann erkennen, dass der Aufbau der Klassen jeweils fast identisch ist. Die von Hand geschriebene Klasse findet sich jetzt als String im jeweiligen *SourceGenerator* wieder (Listings 5.18 bis 5.20).

```
class VirtualProxySourceGeneratorNotThreadsafe

        extends VirtualProxySourceGenerator {

    public VirtualProxySourceGeneratorNotThreadsafe(
            Class subject, Class realSubject) {
        super(subject, realSubject, Concurrency.NONE);
    }
    protected void addRealSubjectCreation(PrintWriter out,
                                          String name,
                        String realName) {
        out.printf(" private %s realSubject;%n", name);
        out.println();
        out.printf(" private %s realSubject() {%n", name);
        out.printf(" if (realSubject == null) {%n");
        out.printf(" realSubject = new %s();%n", realName);
        out.println(" }");
        out.println(" return realSubject;");
        out.println(" }");
    }
}
```

Listing 5.18: „VirtualProxySourceGeneratorNotThreadsafe"

```
class VirtualProxySourceGeneratorSomeDuplicates
        extends VirtualProxySourceGenerator {
    public VirtualProxySourceGeneratorSomeDuplicates(
            Class subject, Class realSubject) {
        super(subject, realSubject,
            Concurrency.SOME_DUPLICATES);
    }
    protected void addImports(PrintWriter out) {
        out.println("import java.util.concurrent.
                                        atomic.*;");
        out.println();
    }
    protected void addRealSubjectCreation(PrintWriter out,
                                    String name,
                                    String realName) {
      out.printf(" private final AtomicReference<%s> " +
            "ref = new AtomicReference<%1$s>();%n", name);
      out.println();
      out.printf(" private %s realSubject() {%n", name);
      out.printf(" %s result = ref.get()%n;", name);
      out.printf(" if (result == null) {%n");
      out.printf(" result = new %s();%n", realName);
      out.printf(" if (!ref.compareAndSet" +
                "(null, result)) {%n");
      out.printf(" result = ref.get();%n");
      out.println(" }");
        out.println(" }");
        out.println(" return result;");
        out.println(" }");
    }
}
```

Listing 5.19: „VirtualProxySourceGeneratorSomeDuplicates"

```
class VirtualProxySourceGeneratorNoDuplicates
        extends VirtualProxySourceGenerator {
    public VirtualProxySourceGeneratorNoDuplicates(
            Class subject, Class realSubject) {
        super(subject, realSubject,
```

```
            Concurrency.NO_DUPLICATES);
    }
    protected void addImports(PrintWriter out) {
        out.println("import java.util.concurrent.locks.*;");
        out.println();
    }
    protected void addRealSubjectCreation(PrintWriter out,
                                          String name,
                                          String realName) {
        out.printf(" private volatile %s realSubject;%n",
                                                        name);
        out.println(" private final " +
                "Lock initializationLock = " +
                "new ReentrantLock();");
        out.println();
        out.printf(" private %s realSubject() {%n", name);
        out.printf(" %s result = realSubject;%n", name);
        out.printf(" if (result == null) {%n");
        out.printf(" initializationLock.lock();%n");
        out.printf(" try {%n");
        out.printf(" result = realSubject;%n");
        out.printf(" if (result == null) {%n");
        out.printf(" result = realSubject = new %s();%n",
                                                    realName);
        out.printf(" }%n");
        out.printf(" } finally {%n");
        out.printf(" initializationLock.unlock();%n");
        out.printf(" }%n");
        out.printf(" }%n");
        out.printf(" return result;%n");
        out.println(" }");
    }
}
```

Listing 5.20: „VirtualProxySourceGeneratorNoDuplicates"

Das Ziel ist erreicht: Die Proxies werden dynamisch beim ersten Aufruf erzeugt, kompiliert und dem *ClassLoader* übergeben und

---

können damit instanziiert werden. Die Verwendung erfolgt wie im Beispiel in Listing 5.21 gezeigt.

```java
public class CompanyTest {

    public static void main(String[] args) {
        Company company = new Company("Cretesoft", 10000.0,
                new MoralFibreImpl());
        company.makeMoney();
        company.damageEnvironment();
        company.becomeFocusOfMediaAttention();

        Company company2 = new Company("Cretesoft2",
                                                20000.0,
                ProxyGenerator.make(MoralFibre.class,
                        MoralFibreImpl.class,
                        Concurrency.NONE));
        company2.makeMoney();
        company2.makeMoney();
        company2.makeMoney();
        company2.damageEnvironment();
        company2.becomeFocusOfMediaAttention();
    }

}
```

Listing 5.21: „CompanyTest"

Die Ausgabe zeigt deutlich den Unterschied zwischen der Verwendung mit und ohne Proxy. Es ist auf der Konsole deutlich zu sehen, wann die Instanz im Falle der *company2* erzeugt wird (Listing 5.22).

```
Moral Fibre Created!
Company constructed: Cretesoft has $ 10000,00
Company.makeMoney(): Cretesoft has $ 1010000,00
Company.damageEnvironment(): Cretesoft has $ 5010000,00
Look how good we are... Cretesoft has $ 4110000,00
```

```
Company constructed: Cretesoft2 has $ 20000,00
Company.makeMoney(): Cretesoft2 has $ 1020000,00
Company.makeMoney(): Cretesoft2 has $ 2020000,00
Company.makeMoney(): Cretesoft2 has $ 3020000,00
Company.damageEnvironment(): Cretesoft2 has $ 7020000,00
Moral Fibre Created!
Look how good we are... Cretesoft2 has $ 6120000,00
```

Listing 5.22: „CompanyTest"-Ausgabe

In Listing 5.23 zeigen wir, dass der Proxy auch mit anderen Klassen funktioniert. Eigenen Experimenten steht also nichts im Wege.

```java
public class ProxyGeneratorTest {

    public static void main(String[] args) {
        for (Concurrency type : Concurrency.values()) {
            test(type);
        }
    }

    private static void test(Concurrency concurrency) {
        System.out.println();
        System.out.println("Concurrency: " + concurrency);
        MoralFibre mf = ProxyGenerator.make(MoralFibre.
                                                    class,
                MoralFibreImpl.class, concurrency);
        System.out.println("Moral Fibre: " +
                                        mf.getClass());
        System.out.println(mf);
        mf.actSociallyResponsibly();
        System.out.println();


        ConcurrentMap<String, Integer> map =
                ProxyGenerator.make(ConcurrentMap.class,
                        ConcurrentHashMap.class,
                                            concurrency);
        System.out.println(map.getClass());
```

```
        map.put("Hello", 23);
        map.put("Hello2", 24);
        map.put("Hello3", 25);
        System.out.println(map);
        System.out.println();
        AbstractTableModel model =
            ProxyGenerator.make(AbstractTableModel.class,
                DefaultTableModel.class, concurrency);
        System.out.println(model.getClass());
        JTable table = new JTable(model);
        System.out.println();
    }
}
```

Listing 5.23: „ProxyGenerator"-Test

5.2 Fazit

Der *ProxyGenerator* erstellt dynamisch virtuelle Proxies, hat jedoch den Vorteil, dass er nicht den Overhead eines dynamischen Proxies besitzt. Ein weiterer Vorteil besteht darin, dass von den generierten Klassen abgeleitet werden kann, was bei dynamischen Proxies wiederum nicht funktioniert.

KAPITEL 6

Real Life Proxies

6.1 Ein Proxy für threadsichere Strukturen

Proxies kann man auch einsetzen, um den Zugriff auf Datenstrukturen zu synchronisieren. Ein Beispiel aus dem JDK ist in der Klasse *Collections* zu finden. Aber wie genau wird das realisiert? Beginnen wir mit einer allgemeinen Datenstruktur, z. B. einer Liste. Um diese Thread-safe zu bekommen, kann man nun einen Adapter schreiben, der jeden Aufruf einer Methode mit einem *synchronized* absichert. Wichtig ist hier lediglich, dass ein gemeinsames LOCK Object verwendet wird (Listing 6.1).

```
public class SynchronizedList<T> implements List<T> {

  private List<T> liste = new ArrayList<>();
  private Object LOCK;

  public boolean add(T t) {
    synchronized (LOCK) {
      return liste.add(t);
    }
  }
}
//########### and so on......
```

Listing 6.1: „ProxyGenerator"-Test

Der Aufwand ist recht hoch. Wie allerdings kann man das generischer realisieren? Auch hier können Proxies zum Einsatz kommen. Beim *DynamicProxy* aus dem JDK kann man als Einstiegspunkt den *InvocationHandler* nehmen. Hier werden alle Methodenaufrufe abgearbeitet. Und genau hier kann der LOCK an zentraler Stelle realisiert werden (Listing 6.2).

```
private static class SynchronizedInvocationHandler
                            implements InvocationHandler {
  private Object lock;
  private final Object realSubject;

  public SynchronizedInvocationHandler(
                              Object realSubject) {
    this.realSubject = realSubject;
  }

  public Object invoke(Object proxy, Method method,
                       Object[] args) throws Throwable {
    synchronized (lock) {
      Object result = method.invoke(realSubject, args);
      if (method.getReturnType().isInterface()) {
        return makeSynchronized(
            (Class) method.getReturnType(), result, lock);
      }
      return result;
    }
  }

  public void setLock(Object lock) {
    this.lock = lock;
  }
}
```

Listing 6.2: „ProxyGenerator"-Test

Nun fehlt nur noch die Möglichkeit, einen Proxy zu erzeugen. Der einzige Unterschied zum vorherigen Beispiel ist, dass man bei Bedarf ein Lock Object mitgeben können muss (Listing 6.3).

```
public static <T> T makeSynchronized(Class<T> subjectIntf,
                                     T realSubject) {
  SynchronizedInvocationHandler handler
        = new SynchronizedInvocationHandler(realSubject);
  T result = makeProxy(subjectIntf, handler);
  handler.setLock(result);
```

```
  return result;
}
public static <T> T makeSynchronized(Class<T> subjectIntf,
                         T realSubject, Object lock) {
  SynchronizedInvocationHandler handler
        = new SynchronizedInvocationHandler(realSubject);
  T result = makeProxy(subjectIntf, handler);
  handler.setLock(lock);
  return result;
}

private static <T> T makeProxy(Class<T> subjectIntf,
                 SynchronizedInvocationHandler handler) {
  return (T) Proxy.newProxyInstance(
    subjectIntf.getClassLoader(),
    new Class[]{subjectIntf},
    handler);
}
```
Listing 6.3: „ProxyGenerator"-Test

6.2 CDI Decorator vs. CDI managed Dynamic- ObjectAdapter

Decorators in CDI sind nützlich, haben aber spezifikationsimmanente Unzulänglichkeiten. Wie kann man diese loswerden? Wie sieht das praktisch aus? Wir werden nun anhand eines Beispiels einen CDI-basierenden DynamicObjectAdapter entwickeln, der einem Entwickler eine sehr flexible Alternative zu dem CDI Decorator Pattern an die Hand gibt.

Das Ziel ist also ein Decorator, basierend auf CDI, der nicht den typischen Limitationen des in der CDI Spec definierten Decorators unterliegt. Aber was sind nun die Dinge, die da stören?

Decorator in CDI

Ein Decorator in CDI muss in der *beans.xml* definiert werden. Damit ist er fix zur Laufzeit verankert. Änderungen bedeuten ein erneutes Laden der *beans.xml*, also z. B. Neustart des Weld-Containers. Aber auch in der Verwendung hat ein Decorator ein paar Dinge, die nicht so charmant sind. Zum einen muss die Klasse mit einer speziellen Annotation, *@Decorator*, versehen werden. Innerhalb des Decorators muss die Instanz des Originals injiziert werden und der Decorator von der Originalimplementierung oder dem Interface ableiten. Ganz schön viele Anforderungen, wenn man lediglich eine Methode in ihrem Verhalten ändern möchte, da es sich um eine mandantenspezifische Version handelt. Und durch die Verwendung der Annotation *@Decorator* ist diese Klasse auch immer ein Spezialfall für den CDI-Container. In Listing 6.4 ist das Beispiel aus dem JavaEE Tutorial von Oracle wiedergegeben.

```
@Decorator
public abstract class CoderDecorator implements Coder {

    @Inject @Delegate @Any Coder coder;

    public String codeString(String s, int tval) {
        int len = s.length();

        return "\"" + s + "\" becomes " + "\""
            + coder.codeString(s, tval)
                + "\", " + len + " characters in length";
    }
}

Inside beans.xml

<decorators>
    <class>decorators.CoderDecorator</class>
</decorators>
```

Listing 6.4: Beispiel Decorator von Oracle

Aus der Sicht eines Entwicklers

Beginnen wir mit der Sicht eines Entwicklers. Wie soll es in der Verwendung aussehen? Dank JDK 8 kann man die Basisimplementierung als Default-Methode in das Interface selbst schreiben. In unserem Beispiel nennen wir das Interface *DemoLogic*, es beinhaltet die beiden Methoden *add()* und *sub()* (Listing 6.5).

```
@CDINotMapped
public interface DemoLogic {

    public default int add(int a, int b){
        return a+b;
    }

    public default int sub(int a, int b){
        return a-b;
    }
}
```

Listing 6.5: Interface „DemoLogic"

Das Interface ist absichtlich mit einer Annotation versehen, damit es aus dem Scope Default entfernt wird. Warum das nützlich ist, sehen wir, wenn wir beim Producer angekommen sind. Also bitten wir an dieser Stelle noch um ein wenig Geduld. Als Nächstes benötigen wir die mandantenspezifische Implementierung der Methode *add()*. Es soll ausschließlich diese Methode in ihrem Verhalten dahingehend geändert werden, dass zu dem Wert immer 100 hinzugefügt wird. Über die Sinnhaftigkeit kann man an dieser Stelle sicherlich vortrefflich diskutieren. Aus Sicht des Entwicklers ist es angenehm, dass wir lediglich eine Methode implementieren müssen – kein Delegieren weiterer Methoden, Dummy-Implementierung oder *abstract class*-Anforderungen. Wir nennen diese Klasse *DemoLogicAdapter_A* (Listing 6.6).

```
@CDINotMapped
public class DemoLogicAdapter_A implements DemoLogic{

    public int add(int a, int b){
        System.out.println("DemoLogicAdapter_A.add");
        return a+b + 100;
    }
}
```

Listing 6.6: „DemoLogicAdapter_A"

Auch diese Implementierung entfernen wir aus dem Default Scope von CDI.

Als Nächstes benötigen wir die Möglichkeit, dynamisch den Kontext zu verändern bzw. zu erhalten, um Entscheidungen treffen zu können, welche Implementierung aktiv sein soll. Um das Beispiel an dieser Stelle sehr einfach zu halten, wird dies durch ein Singleton simuliert. Die Klasse hat den Namen *Context* und besteht lediglich aus einem Attribut vom Typ *boolean* und dem Namen *original*. Der Default-Wert des Attributs ist *true* (Listing 6.7).

```
@Singleton
public class Context {

    public boolean original = true;
}
```

Listing 6.7: Context

Nun sind die grundlegenden Elemente definiert. Wie aber sieht die Verwendung aus? Hierzu schreiben wir einen JUnit Test, um die Handhabung zu verdeutlichen. Der Einsatz von Arquillian hilft uns, den Test in einer CDI-Umgebung ausführen zu können (Listing 6.8). Der Test selbst besteht aus den Schritten:

- Injizieren der Referenz auf DemoLogic
- Holen einer Instanz der DemoLogic
- Aufruf der Methode *add(1,1)*

- Überprüfung, ob das Ergebnis den Erwartungen entspricht, hier dem Wert 2
- Context-Switch auf mandantenabhängige Implementierung
- Holen einer Instanz der DemoLogic
- Aufruf der Methode *add(1,1)*
- Überprüfung, ob das Ergebnis den Erwartungen entspricht, hier dem Wert 102
- Kaffee trinken

```
@RunWith(Arquillian.class)
public class DemoLogicTest {
    @Deployment

    public static JavaArchive createDeployment() {
        return ShrinkWrap.create(JavaArchive.class)
                .addPackages(true, "org.rapidpm.commons")
                .addAsManifestResource(EmptyAsset.INSTANCE,
                    "beans.xml");
    }

    @Inject @DynamicDecoratorTest
            Instance<DemoLogic> demoLogic;
    @Inject Context context;
    @Test
    public void testDemoLogicOriginalTest() throws
                                            Exception {
        Assert.assertNotNull(demoLogic);
        final DemoLogic demoLogic1 = demoLogic.get();
        final int add = demoLogic1.add(1, 1);
        Assert.assertEquals(2,add);
        System.out.println("add = " + add);

        context.original = false;

        final DemoLogic demoLogic2 = demoLogic.get();
```

```
        final int addAdapted = demoLogic2.add(1, 1);
        Assert.assertEquals(102,addAdapted);
        System.out.println("addAdapted = " + addAdapted);
    }
}
```

Listing 6.8: JUnit Test per Arquillian

Damit ist die Sicht des Entwicklers vollständig entkoppelt und besteht ausschließlich aus der Verwendung der abzubildenden Logik. Der Switch kann vom System transparent im Hintergrund erfolgen.

Der Kern – CDIInvocationHandler

Nachdem wir nun beschrieben haben, was wir haben möchten, gehen wir zur Implementierung über. Als Einstieg nehmen wir den Producer, der für die Instanziierung der *DemoLogic* und der verschiedenen Varianten verantwortlich ist. Dem Producer geben wir den Namen *DemoLogicProducer* (Listing 6.9).

```
public class DemoLogicProducer {

    @Inject Instance<DynamicObjectAdapterFactory>
        dynamicObjectAdapterFactoryInstance;

    @Inject Context context;

    @Produces @DynamicDecoratorTest
    public DemoLogic create(
        ManagedInstanceCreator instanceCreator){
        final DemoLogic demoLogic = instanceCreator
            .activateCDI(new DemoLogic() {});

        final DynamicObjectAdapterFactory
            dynamicObjectAdapterFactory =
            dynamicObjectAdapterFactoryInstance.get();
```

```
        final Object adapter;
        if (context.original){
            adapter = new Object();
        } else {
            adapter = instanceCreator
                .activateCDI(new DemoLogicAdapter_A());
        }

        return dynamicObjectAdapterFactory
            .adapt(demoLogic, DemoLogic.class, adapter);
    }
}
```

Listing 6.9: „DemoLogicProducer"

Innerhalb der Methode *create* wird entschieden, welche der beiden Implementierungen aktiv sein soll. Um das Beispiel auch hier sehr kurz zu halten, wurde es explizit kodiert. In einem der nächsten Teile werden wir sehen, wie das mittels *ContextResolver* dynamisch passieren kann. Nachdem die Entscheidung getroffen wurde, wird die *DemoLogic* mit einem Adapter versehen und in einem Proxy eingebettet. Das Einbetten in den Proxy übernimmt die Klasse *DynamicObjectAdapterFactory* (Listing 6.10).

```
public class DynamicObjectAdapterFactory {

    @Inject Instance<CDIInvocationHandler>
        cdiInvocationHandlerInstance;

    public  <T> T adapt(final Object adaptee,
        final Class<T> target,final Object adapter) {

        final CDIInvocationHandler invocationHandler =
            cdiInvocationHandlerInstance
                .get()
                .adapter(adapter)
                .adaptee(adaptee);
```

```
        return (T) Proxy.newProxyInstance(
                target.getClassLoader(),
                new Class[]{target},
                invocationHandler
                );
    }
}
```

Listing 6.10: „DynamicObjectAdapterFactory"

In der Methode *adapt* wird die Verbindung zwischen dem Original, dem Adapter und dem *InvocationHandler* erzeugt und als klassischer Proxy zurückgeliefert. Sobald der Proxy verwendet wird, erfolgt bei jedem Aufruf einer Methode der Aufruf der Methode *invoke* des *InvocationHandlers* (Listing 6.11).

```
public class CDIInvocationHandler implements
                                    InvocationHandler {

    @Inject @CDILogger Logger logger;

    private Map<MethodIdentifier, Method> adaptedMethods
      = new HashMap<>();

    private Object adapter;
    private Object adaptee;

    @Override
    public Object invoke(Object proxy,
        Method method, Object[] args)
        throws Throwable {

        if (adaptedMethods.isEmpty()){
            final Class<?> adapterClass =
                                    adapter.getClass();
            Method[] methods = adapterClass
              .getDeclaredMethods();
            for (Method m : methods) {
```

```
                adaptedMethods.put(
                    new MethodIdentifier(m), m);
            }
        }else{
            if (logger.isDebugEnabled()) {
                logger.debug("is initialized..");
            }
        }
        try {
            Method other = adaptedMethods.get(
                new MethodIdentifier(method));
            if (other != null) {
                return other.invoke(adapter, args);
            } else {
                return method.invoke(adaptee, args);
            }
        } catch (InvocationTargetException e) {
            throw e.getTargetException();
        }
    }
    public CDIInvocationHandler adapter(Object adapter) {
        this.adapter = adapter;
        return this;
    }
    public CDIInvocationHandler adaptee(Object adaptee) {
        this.adaptee = adaptee;
        return this;
    }
}

public class MethodIdentifier {
    private final String name;
    private final Class[] parameters;

    public MethodIdentifier(Method m) {
        name = m.getName();
        parameters = m.getParameterTypes();
    }
```

```
public boolean equals(Object o) {
    MethodIdentifier mid = (MethodIdentifier) o;
    return name.equals(mid.name) &&
            Arrays.equals(parameters, mid.parameters);
}

public int hashCode() {
    return name.hashCode();
}
}
```

Listing 6.11: „CDIInvocationHandler"

Die beiden wichtigen Abschnitte in der Klasse *CDIInvocation-Handler* sind das Auslesen des Adapters mittels Reflection, um die Methoden zu erhalten. Diese werden in einer *HashMap* hinterlegt. Der Key besteht aus dem Methodennamen und der Signatur der Methode, womit sie eindeutig zu bestimmen ist. Wird also eine Methode mit dem resultierenden Key aufgerufen, wird die Instanz der Methode aus der *HashMap* verwendet. Alle anderen Aufrufe werden von dem Original bedient.

6.3 Fazit

Mit diesem Pattern sind wir in der Lage, die Unzulänglichkeiten des CDI Decorators auszugleichen. Das Angenehme ist, dass spätere Änderungen am Interface nicht dazu führen, dass alle Adapter angepasst werden müssen. Natürlich gelingt dies nur, wenn Methoden betroffen sind, die nicht mit einem Adapter versehen wurden. Eine Erweiterung des Interface ist aus dieser Sicht somit immer unproblematisch. Alle Komponenten werden vom verwendeten CDI-Container verwaltet. Das ergibt eine sehr hohe Flexibilität auf Basis von CDI.

KAPITEL 7

Schlussbemerkung

Proxies sind ein sehr mächtiges Pattern und ermöglichen es z. B., Querschnittsthemen sauber abzubilden. Dabei muss nicht auf Frameworks von Drittanbietern zurückgegriffen werden. Wir haben hier einige verschiedene Arten von Proxies dargestellt und gesehen, dass mit Reflection die Umsetzung recht einfach ist. Alles lässt sich mit den Bordmitteln des JDK realisieren. Werden Proxies geschickt eingesetzt, kann man damit im Projekt viel Arbeit sparen.

Zu diesem Buch haben wir ein Repository auf GitHub unter dem folgenden URL eingerichtet:

https://github.com/svenruppert/shortcut-proxies

Stichwortverzeichnis

entwickler.press